Silêncios de Água e Pedra

Copyright © 2008 Wassily Chuck

Direitos reservados e protegidos pela Lei 9.610 de 19 de fevereiro de 1998.
É proibida a reprodução total ou parcial sem autorização,
por escrito, da editora.

Dados Internacionais de Catalogação na Publicação (CIP)
(Câmara Brasileira do Livro, SP, Brasil)

Chuck, Wassily
  Silêncios de água e pedra / Wassily Chuck. –
Cotia, SP: Ateliê Editorial, 2008.

  ISBN 978-85-7480-388-3

  1. Poesia brasileira I. Título.

08-03062   CDD-869.91

Índices para catálogo sistemático:

1. Poesia: Literatura brasileira   869.91

Direitos reservados à
ATELIÊ EDITORIAL
Estrada da Aldeia de Carapicuíba, 897
06709-300 – Cotia – SP
Telefax: (11) 4612-9666
www.atelie.com.br
atelie@atelie.com.br

Printed in Brazil 2008
Foi feito depósito legal

Wassily Chuck

Silêncios de Água e Pedra

Ateliê Editorial

A Hölder e René

Sumário

PREFÁCIO – Niilismo e Poesia: A Palavra do Silêncio – *Milton Torres* 15

RENTE AO MAR

Começos 25
Verdades 26
Fuga 27
Paz 28
Sono 29
Verão 30
Aceno 31
Avesso 32
Pesos 33
Viagem 34
Salmo 35
Grãos 36
Águas de Exílio 37
Murmúrios 38
Brevidade 39
Exodus 40

Nudez 41
No Azul 42
Entreaberto 43
Proximidade 44
Mares de Quintana 45
Beleza 46
Vazios 47
Noite e Vento 48
Noturno 49
Perspectivas 50
Segredo 51
Rosa dos Mares 52
Memória 53
Naufrágio 54
Adágio 55
Ressaca 56
Colheita 57
Sereias 58
Solidões 59
A Parte das Ondas 60
Estrangeiro 61
Luar 62
Morte Feliz 63
Sonho 64
Urnas 65
Transbordar 66
Salto 67

Mensagem 68
Sede. 69
Rastro 70
Areia e Cinzas. 71
Writ in Water 72
Lição das Águas 73

GRANDES CIDADES DE PEDRA

A Pedra por Dentro 79
Folhas e Frutos. 80
Pureza 81
Barro 82
Grades 83
Acordes 84
Leveza 85
Florescer. 86
Repetição. 87
Muros 88
Procissão 89
Névoa 90
Figura 91
Vôo. 92
Baldios. 93
Leituras 94
Flor Mineral. 95
Dissipar 96
Ecos. 97

Chaminés 98
Regresso 99
Mendigos 100
Ocaso 101
Sinos 102
Outono 103
Nomes 104
Bairro Pobre 105
Janelas 106
A Cidade e o Poeta 107
Tempo 108
Ruas de Octavio Paz 109
Sono e Silêncio 110
Ausência 111
Rio 112
Giros 113
Superfície 114
Conselho 115
Os Velhos 116
Atrito 117
Traços da Pedra 118
O Livro das Perdas 119
Colheita 120
Laje 121
Números 122
De Pedra a Pedra 123
Sobras 124

    Céu com Margens 125
    Réquiem 126
    Do Sono ao Sonho 127

EPÍLOGO
    Água e Pedra 133

Sobre o Autor 137

PREFÁCIO
Niilismo e Poesia: A Palavra do Silêncio

> *This is the way the world ends.*
> *Not with a bang but a whimper.*
> T. S. Eliot

Ferida aberta este niilismo do nosso tempo, mais do que simples corrente do pensar, do que mera expressão de vanguardas intelectuais. Como lembra Nietzsche, o fantasma desse sentir nos ronda, roçando praticamente todas as esferas culturais. Mesmo que se discorde de Heidegger, quanto a ser o niilismo conseqüência natural do desenvolvimento da história do Ocidente, é difícil não reconhecer, como o Filósofo, que "[...] sabe muito pouco da nossa época quem não experimentou a enorme força do Nada e não foi tentado por ele".

De Freud a Baumann, observa-se o profundo mal-estar e a falta de rumos de nossa civilização, que encontram voz e expressão no fenômeno do niilismo. Nos planos histórico e social, o mal-estar liga-se aos processos de secularização e racionalização do mundo, gerando a corrosão das verdades, instaurando o relativismo e o ceticismo no pensar e no viver. Nesse "admirável mundo novo", a morte de Deus ressaltada por Nietzsche, a morte foucaultiana do homem, o fim das utopias, a percepção de que o progresso, a história e a ciência são ídolos com pés de barro, incapazes de restituir o sentido da vida, todas essas sombras pintam uma paisagem desolada, em ruínas, feita de solidão e silêncio – a paisagem deste livro.

Como sublinha Rouanet, na apresentação que fez para sua tradução de Walter Benjamin, "o luto é o nosso elemento". E é desse mundo enlutado, desses relevos apagados, que falam os poemas de Wassily Chuck. Desse mundo de seres eternamente em despedida, dizendo, em silêncio, um constante adeus aos lugares, aos outros e a si mesmos.

Mas, como dizer o silêncio, como expressar com palavras o que não pode ser dito? "Do que não se pode falar, deve-se silenciar", afirmava Wittgenstein. Mas há, de certo, muitas formas de silenciar. Dentre elas, para Rilke (que exerce grande influência em Chuck), a mais rica é a poesia. Sobre o dizer poético, sublinha aquele Poeta que ali "começa o indizível", apontando o poema como a forma capaz de, a um só tempo, silenciar e dizer o essencial. Mas, para tanto, há que buscar uma poesia em tons menores, em voz baixa, quase sussurros. Sobretudo, é mister evitar a mera objetividade, pois o silêncio não é perceptível aos olhos de fora, só aos de dentro. E é precisamente isso que se busca neste livro. Numa comparação com a pintura, enquanto os impressionistas pretendiam descrever as variações da luz na paisagem, o poeta almeja dizer as variações da sombra, sombra que é apenas "a face mais visível do silêncio".

Em tal contexto, o livro divide-se em duas partes – a água e a pedra. A cidade e o mar, dois desertos, dois vazios. Trata-se, contudo, mais do que de paisagens: a água e a pedra são símbolos. De um lado, o mar, o aberto, o sem-fronteiras; de outro, a cidade, o espaço limitado, os muros cingindo o sonho e a vida – o mundo natural e o humanizado. Mas, para o Autor, ambos os espaços já estão desgastados pelo silêncio. E, portanto, não há mais caminhos, só restando as sendas imprecisas do outono. Sequer a memória se apresenta como possibilidade de fuga, pois a lembrança que volta apenas afirma o que foi perdido para sempre. Sobre a fuga, mais não resta que o ideal de Beckett: "Try again. Fail again. Fail better".

Pode-se dizer, assim, que o discurso aqui reflete mais a visão trágica de mundo que a romântica. Como diz Lucien Goldmann, na visão romântica, algum valor é ainda válido, seja o amor, o futuro, um passado que se deseja redescobrir, seja uma idealidade inquestionada. Na visão trágica, por sua vez, é o próprio universo intelectual e afetivo que entra em colapso.

Traz o livro o esboço de uma tragédia: nenhum diálogo entre o homem e o mar, além da contemplação; nenhum diálogo entre o homem e os outros homens, além do dizer cotidiano que nada diz – eis o tempo e o espaço do silêncio.

O mar, aqui presente, reflui na solidão e na incomunicabilidade, temas predominantes na *poiesis* subjetiva e delicada do Autor.

O "alto-mar da noite, onde gravitam agora os peixes luminosos". O mar que é só silêncio e sombra. O mar que, tantas vezes, se faz em espuma transitória. O mar próximo, que roça as areias, ou o mar distante e intransponível. O mar onde naufragam a alma e os sonhos, a boiar na solidão das ondas os restos do teu próprio corpo. O mar onde, oblíqua, a noite cai, varrido este mar dos ventos, que o despetalam como à rosa.

O mar personificado na juventude das ondas; ou o mar envelhecido, das "águas grisalhas".

O pão e o vinho do mar, a Santa Ceia ali posta nessa mesa tão móvel, que a última onda clausura. E o mar sem fim e sem idade, como já era o mar da Grécia Antiga.

O místico mar do rosto único, ou das ondas que se fecham sobre si mesmas. E a água da chuva envernizando o próprio mar. O mar, onde o silêncio não é só um pesado calar, mas, por vezes, tranqüilidade e quietude. E, então, o mar "já não reflete o céu, só a frágil arquitetura das nuvens".

O mar, "a textura da ausência"...

Também a cidade se tinge de cinza e se aproxima da triste descrição de Ernesto Sábato: "E, assim, as mãos, e depois aquele machado, aquele fogo, e depois a ciência e a técnica irão cavando cada dia mais o abismo que o separa de sua raça originária e de sua felicidade zoológica. E a cidade será finalmente a última etapa de sua enlouquecida carreira, a expressão máxima de seu orgulho e a máxima forma de sua alienação".

A forma sutil deste Poeta esconde a meio a visão social de que a cidade – este monstro de pedra – impessoaliza e estratifica o homem.

Assim, "a cidade te habita, a pedra por dentro, sob a pele, sob a alma", e disso resulta "a solidão dos teus olhos". Os frutos que se colhem são os frutos do silêncio.

Mas a cidade é também "a corda que tange a noite".

O mundo das cidades não é, pois, o mundo íntegro, mas aquele que revela as fissuras do sistema. E, metafísica e metaforicamente, esse espaço social é visto "sob a rosa ferida dos astros".

No beco, a carne é fendida "por aço e luar", e ao cadáver ninguém olha.

Nos baldios – o espaço perdido e desocupado da cidade – não há mais que a queixa da vida, e "a cidade se escreve no livro da noite".

Nesse contexto, é natural que as vidraças não espelhem nem deixem ver bem, e, na praça, as horas recuem, e as ruas andem para trás, e os ecos repitam não a voz humana, mas somente as sombras.

Eficazes são os processos de personificação, as casas escorando-se umas às outras, e o cansaço das portas, e as janelas postando-se no limiar dos silêncios. Novamente, o sol pálido não penetra as vidraças, resvala apenas.

E o Autor, quase ao final, dedica um réquiem à cidade.

★ ★ ★

Nietzsche fala de um tempo em que "[...] o homem não mais será capaz de dar à luz uma estrela". Para o Poeta, esse tempo chegou. Assim, as estrelas são, nestes versos, quase todas cadentes, a luz tamisada, estendendo-se sobre ondas noturnas, ou misturando-se aos "falsos astros dos postes". Para ele, recordando Eliot, "[...] o mundo termina sem nenhuma explosão", somente um lamento que ressoa, quase apagado, nas águas e nas pedras deste livro.

Milton Torres

Rente ao Mar

*Na fonte dos teus olhos
Vivem as redes dos pescadores do mar-da-errância
Na fonte dos teus olhos
O mar mantém sua promessa.*

CELAN

Uma lua minguante sobe por cima dos mastros. Até perder de vista, na noite ainda densa, o mar – e um sentimento de calma, uma poderosa melancolia sobem, então, das águas. Sempre apazigüei tudo no mar, e essa solidão infinita me faz bem por um momento, se bem que tenha a impressão de que esse mar revolva hoje todas as lágrimas do mundo.

CAMUS

Começos

A solidão azul das manhãs, azul marinho. Tênue, um resto de noite nas águas, a lua no beiral das ondas. E o dia surgindo com a palavra de sal – primeiro era o verbo, e o verbo era o mar.

Aos poucos, as águas se apartam da terra, e a luz se faz sobre a espuma, peixe de ouro e sonho. Na manhã, o mar entrando por ti adentro, os começos teus e os do vento, o recomeço da noite.

Verdades

Nas pedras, a saliva branca e negra das águas. No quebrar das ondas, vida e morte, diálogo em voz baixa de peixes fugidios. E, lado a lado, escorrem as faces do mar para o lago dos olhos.

Nas pedras, duas verdades recitando o vento.

Fuga

Diante das ondas, apenas os olhos e o sol no langor da tarde. Nada, ninguém conduz o olhar, a superfície sem fundo do espelho, as formas mutáveis da luz nas arestas do mar. Ver, sorver a paisagem, como o vôo de pássaro sorvendo a brisa. Junto às águas, enfim, não mais a alma.

Paz

    Calmaria, o mar dentro da noite, o sono dentro do mar. Nenhum gesto na espuma, a paz anterior ao tempo, quando vida e morte, apenas vento nos caminhos. Força recolhida em si mesma, cansada da própria força, já não reflete o céu, só a frágil arquitetura das nuvens.

Sono

Cada onda, pálpebra que se fecha. O mar, mancha escura, quase a sombra, não fora a escrita da espuma na areia.

Nenhuma brisa, nenhuma voz, os barcos no cais ancorados na noite, a viagem imóvel ao país do sono.

Verão

Sol a prumo sobre o mar. A água madura, fruta aberta ao céu, o sumo azulado escorrendo, doçura e desejo.

E um torpor se ergue da espuma, a luz nos degraus da tarde. Sobre o corpo, o sabor da onda, o gosto do sal e a carne a sorver a limpidez do efêmero.

Aceno

Num leve aceno, as palavras das águas, palavras de olvido, dizendo o que não regressa. E pouco resta: um corpo tão outro, trapos de alma, silêncios da língua. Na espuma, a vida apagada como os rastros dos remos – ser é jamais ter sido.

Ao longe, teu barco partindo, lenço branco sobre a fronte das ondas.

Avesso

Nenhum muro caiado de tempo. Nenhum caminho que se bifurca. Nenhuma fera no escuro. Graves, as mãos constroem, tijolo a tijolo, a porção mais externa do vento, mais azul.

E nenhuma asa de cera, a fuga para dentro.

Outra Creta, outro Dédalo, o avesso do labirinto – o mar aberto.

Pesos

Teu corpo imerso nas águas, o mar subindo aos ombros, palmo a palmo. Sobre o mar, o azul, pesando mais que o branco, mais que o negro, as ondas recurvas na espuma. E, sobre o azul, o duro minério solar.

Nos teus ombros, a manhã nascendo no mar, e te fazes mais leve com o peso acrescido. Quase ave.

Viagem

O barco sobre as águas, mobilidades da sombra e da luz, o leve relevo das ondas equilibrando as nuvens. E, na viagem, outra viagem se desdobra, outra sombra, outra luz, carne adentro, a ferida. Segue o barco sobre as águas já escuras, o porto encravado em ti, junto ao teu nome.

Salmo

O salmo das águas nos sinos do vento, o vazio buscando o mais vazio. O salmo das águas nos sinos do tempo, o distante dizendo o mais distante. E a luz trespassa o vitral azul, quando, leve, flutua a hóstia da lua sobre as ondas. Entre uma onda e outra, a eternidade dos homens.

Grãos

Finda o dia. Os últimos pássaros sobre as águas. Um a um, os homens regressam do mar, o pôr-do-sol tingindo a espuma. Na mão direita, um grão de sal; na esquerda, um de silêncio. O mesmo peso, a mesma dor, das duas palmas a noite caída sobre a areia estrelada.

Águas de Exílio

Devoir se traverser pour arriver au port.

CHAR

O barco regressa vazio às areias do outono. De um sono a outro, a travessia da alma, a travessia da noite, o esforço inútil. Ao longe, o corpo nas ondas, roçado por peixes, envolto em algas azuis. Nos lábios, dor e sonho dizem um só silêncio. E o vento, soprando nas águas de exílio, e tu não chegas a ti mesmo.

Murmúrios

O murmúrio das ondas, os repuxos a distância, dizendo a sombra. Calmo, o ocaso se enche de sons – noite, voz que sobe das águas para o céu; astros, palavras que o mar soletra ao vento.

Com a noite nos lábios, o mar nomeia o mundo, dá-lhe o silêncio.

Brevidade

Sob a penugem das nuvens, os desenhos da espuma no mar e o rastro das horas na areia.
E, de novo, o vento, apagando tudo.
O vento, que morde as dunas e as ondas despenteia...

Exodus

    Grãos de areia habitam o ar. A marcha solitária no deserto, o sinal sobre a mão e a marca entre os olhos. E chegas ao mar, o nome do azul no pergaminho da espuma. Grave, o bastão cintila nas águas, o gesto matinal da luz.

    E o mar abre as ondas de Deus; o mar abrindo a Palavra.

    A trilha através do silêncio.

Nudez

A noite caindo na baía, a meio caminho entre o mar e o sono. Pela praia, homens espiam a pele escura das águas, que se desnuda aos poucos. Na areia, restos de poema e dor, as vestes brancas das ondas.

No Azul

Manhã cedo. O mar abre as janelas do dia. Três ou quatro ondas nos varais da brisa, secando o orvalho da noite. No parapeito, o desejo de azul, de adentrar o azul, como se adentra um olhar, de esquecer-se no azul, como um corpo em outro corpo, a luz esquecida nas águas.

E a ferida da vida quase cicatriza, quase não dói mais.

Entreaberto

Entre a tarde e o vento, a gaze azulada das águas. Entre a onda e o céu, a asa tardia de um pássaro. Entre a espuma e a areia, o corpo aceso da luz.

No ocaso, o gesto frágil de um barco entre o não-ainda e o nunca-mais. No ocaso, sobre o abandono do mar, teu nome flutua entre duas ausências.

Proximidade

O gesto antes do encontro, o gesto mais longo. O perto, não o longe, a distância difícil de transpor. De ti, o mar tão próximo, que já não podes tocá-lo; do corpo, a água tão rente, que já nem sabes, o azul, o lado externo da alma, ou és apenas o cais das ondas quebrando no sono?

Mares de Quintana

Depois do naufrágio, pedaços de alma e sonho, restos de ti boiando na solidão das ondas. E os destroços vestidos de escamas, uma figura mais bela, mais perfeita sobre as águas, que o rosto de teu navio inteiro.

Beleza

O belo é apenas o começo do terrível.

Rilke

O corpo jovem das ondas dança entre a água e o desejo ao som, ao sopro do vento – onda ou brisa? E crescem e escalam o ar, rente ao vôo dos pássaros – onda ou asa? Nas praias, o quebrar violento, os gestos do mar ferindo a areia, o sangue na espuma – onda ou sombra?

No verde-azulado, a crueldade de toda beleza.

Vazios

Deus está morto! Morreu de sua compaixão pelos homens.
NIETZSCHE

Pão e vinho sobre o mar, os céus vazios, os abismos do ar. Pão e vinho sobre a renda das águas, a carne e o sangue da ausência na mesa do azul. E ninguém reparte o pão, ninguém toma do cálice, só os escritos do vento na espuma, as pegadas do vento na areia. E bebes da tua sede e comes da tua fome — a última ceia, na última onda.

Contra o céu, o mastro de um barco, dedo sobre os lábios da tarde, impondo o silêncio.

Noite e Vento

O mar é sem idade, como a noite. Antes do tempo, já o silêncio das águas do caos, o rumor vagaroso das ondas, o sopro pairando entre o sono e o sonho, esquecido sobre a espuma.

O mar é sem fim, como o vento. Depois do mar, ainda o mar, a distância azulada. A terra que vês emoldurando as águas, somente uma onda mais densa. Sob a noite, um mar sem margens.

Noturno

A noite cai oblíqua sobre o mar, tal chuva ao vento. Nas águas, a lua desenha uma rosa amarela que, lentamente, as ondas despetalam.

Perspectivas

O vôo dos pássaros corta o ar, corte que une as ondas e o céu num rosto único. Olhas o mar, o olhar separa, e os pássaros, o céu e as águas, três solidões, cada qual em sua sombra; três silêncios, cada qual em sua lágrima.

Segredo

Ondas curvadas na tarde, flor se abrindo para dentro, oculta a todo olhar. O mar, segredo fechado a sete ondas, silêncio selado a sete lábios. E a água se guarda, menos dos outros que de si, da própria brancura, da dor de ser pura.

Na tarde, o mar invisível, só um rumor, um respirar.

Rosa dos Mares

Noite sobre o barco e noite sobre a noite. A viagem lenta, mais sombra que movimento, mar afora, tempo adentro. À frente, águas baldias, o cobre da lua cobrindo as ondas. Atrás, a terra fugindo, e és tu esse que te acena da última costa.

Não a moeda nas mãos, não a prece nos lábios, só o silêncio das ondas pede o barqueiro, só a rosa dos mares.

Memória

Os olhos no mar, a busca do azul, da imagem que a alma habitou um dia. E a onda que vês, nunca é a onda sonhada, escrita com vento e sal, uma memória na carne. Sob a brisa, estrelas mortas prateiam os peixes, a cor das águas perdidas, as ondas quebrando ao revés.

Naufrágio

Noite úmida. Chuva sobre as ondas. Água envernizando água – água nova sobre água antiga, abraço que apaga a distância entre céu e mar; dor nova sobre dor antiga, o destino, sempre o mesmo, dos barcos perdidos no azul.

E o mar diz a morte com tanta inocência, mais que a voz do luar.

Adágio

A tarde à deriva na superfície da espuma. Maré-baixa do tempo, maré-alta da dor. Suave, teu rosto empresta uma sombra ao mar.

E o vento sopra a flauta das águas, o adágio do ocaso, a canção outonal das ondas partidas.

Ressaca

Mar revolto, azul torcido no espaço, a taça transborda, espuma de prata e sombra. Mar revolto, a queixa das águas, uma angústia, uma promessa de dor. Condenado a durar, cansado de ser, a onda fende-se a si mesma, escuro sangue escoando na ferida aberta da aurora.

Colheita

A luz nas águas, o grão maduro do sol nas ondas. O mar, vasto campo de trigo, o vento ceifando a espuma. No amarelo desnudo, quase branco, a dor de uma verdade.

As mãos no mar, mais que as águas sobre a pele, as centelhas do dia, a transparência do sal. E, nas ondas, sem notar, colheste o inefável.

Sereias

As sereias possuem uma arma ainda mais terrível que seu canto: seu silêncio.

Kafka

Não mais a voz do invisível. O canto, o lamento das ondas cessou, e a canção perdida entre o lábio e o sal. Nas pedras, ao sol, meio ser, meio sonho, as duas metades do silêncio. Na espuma, a secura das águas, a voz baixa do azul, rumor sem espessura à beira da brisa.

Distantes, os remos riscam a mudez das ondas, a sina mais triste – o mar sem naufrágios.

Solidões

Escavam as mãos sombra e água, a abertura no mar, a ferida na noite – a ilha. O mar e a ilha, frente a frente, a verdade que os une e a outra, mais pesada, que os separa. A água esculpindo a pedra, a pedra espumando a água, duas solidões roçam-se ao vento, um pouco menos sós.

A Parte das Ondas

O barco passa, a água machucada em sua esteira, o rastro noturno dos homens. Aos poucos, no mar, uma alma se insinua, tão perto as ondas de nossas dores, o azul de nossa angústia. Em cada onda, o gesto de quem parte, corte se abrindo nas águas, como um lírio à noite.

Estrangeiro

No teu país, ser é estar nas ondas, e o tempo é o espaço do azul. Ao norte, o sal; ao sul, a areia; a leste e oeste, o vento e seus afluentes – os limites do teu país. E os silêncios das águas, tua língua materna. As palavras dos homens, tua língua estrangeira.

O poema – tradução imperfeita.

Luar

A lua sobe nos altos ramos da noite, lenta e sem rumor, os gestos da brisa, nem isso. Na cal lavada das ondas, a ferida viva, a dor transparente de ser. Nos olhos calados, o verso frágil, o brilho fosco, a luz se quebrando nos vidros do mar.

Morte Feliz

O grande sim é o sim à morte.
CIORAN

A corrida das águas na tarde, o galope das ondas sob a espora do vento. No ar, as crinas brancas; no mar, as selas rubras do poente.

Sobre a areia, os cavalos espumam e morrem exaustos e, contudo, cantam, um tom abaixo do silêncio, os sinos sem rédeas do azul. O sim ao não; o sim à noite.

Sonho

Na aurora, o mar raiando. No chão limpo do dia, as ondas caiadas de luz e a graça espontânea da espuma na areia. Sobre as mãos, a flor matinal das águas, o giz das dunas a escrever o tempo. Ao longe, além da vida, além da morte, um barco na epiderme azul do sonho.

Urnas

Urnas de sal – escavas nas águas o túmulo, junto à brisa; teus mortos enterrados, um a um, gesto grave e simples, como a chuva. Teus mortos, não na terra, tão pesada, na água, suave e cambiante, o repouso no seio do fluxo. O mar, a fina textura da ausência, a palha seca do sol laminando as ondas.

Transbordar

O mar se distende sobre os silêncios do ar. Mar a pino, mar crescendo, além das bordas da alma, inchado como depois da chuva. E o mar já não cabe no mar, o dique rompido dos olhos. De repente, a noite se faz mar, e a lua, vela branca aberta ao vento.

No alto-mar da noite, gravitam agora os peixes luminosos.

Salto

A dança no ar, a queda no mar, o salto sobre a própria sombra. Nas ondas, mais que a viagem, o porto, o repouso do corpo, o esquecimento de si. E as horas cessam entre as algas, e o sono se insinua na espuma, um peixe azul. Nenhum som entre as águas, só o silêncio do outro lado da tua voz.

Mensagem

Sobre as águas – a noite, a metade mais funda do mar. E a palavra já não diz, o olhar já não salva. Entre os dedos, escorrem as areias do dia; entre as ondas, um resto de ouro, garrafa lançada ao mar, a mensagem do sol flutua, barco de vidro e vento ondulando na espuma.

Sem dar à praia.

Sede

As pétalas brancas das ondas no ar, a resina de sal e saudade cobrindo a pele. Lenta, a noite transpõe a distância entre a estrela e o mar. E, por instantes, a morte cessa de morrer.

Escurece. O olhar se inclina sobre as águas.

E mata a sede de sonho.

Rastro

O rastro das horas em todas as coisas, até no mar. Ao redor, o envelhecer das casas em solidão e silêncio. E as almas e os sonhos enrugam-se, o amarelo do tempo, e teu barco se afunda lento nas águas grisalhas.

Areia e Cinzas

Na praia, areia e cinzas e contas de vidro da noite. Nas ondas, teu rosto partindo muito antes do adeus. E sobra a voz, nem isso, a sombra da voz. E sobram os olhos, a sombra do sono. Breve, um pássaro rapta o céu num golpe de asa, quando buscas nas águas tua imagem – em vão.

Na praia, areia e cinzas junto às ondas de ninguém.

Writ in Water

Here lies one whose name was writ in water.

KEATS

O mar, não uma escrita, espaço onde o silêncio se escreve, uma folha azul e branca. O que passa, o que fica, silêncios escritos nas águas, espuma na areia descalça das praias. Devagar, como se lê um poema, lês as estrelas sobre as linhas das ondas, o nome da noite, que segredas ao vento.

Lição das Águas

A fala do azul, a lição das águas no livro das ondas – a vida é rasa, o mar profundo, extremos da mesma dor.

Grandes Cidades de Pedra

Oh grandes cidades
De pedra construídas
Na planície!
Tão sem-fala
O sem-pátria segue
Com fronte sombria o vento,
Árvores nuas na colina.
[...] Oh povos agonizantes!
Pálida vaga
Esmagando-se na praia da noite,
Cadentes estrelas.

TRAKL

A Pedra por Dentro

A cidade te habita, a pedra por dentro, sob a carne, sob a alma. Nos teus gestos, o peso da pedra, como nas mãos das estátuas cansadas. Nas tuas veias, a seiva da pedra, como nos pulsos abertos da terra.

E, do sono da rocha, brota, feito minério, a solidão dos teus olhos, seixos margeando a noite.

Folhas e Frutos

O prédio se eleva, gesto ferindo o espaço, árvore erguida contra um céu sem astros. Das janelas pende um resto de tarde, folhas rubras do outono. E sopra o vento nas ruas, nas calçadas da cidade. Ao chão, amarelos, os frutos maduros do silêncio.

Pureza

A grama se espreguiça junto às árvores, rente à tarde. Rápidas, crianças subindo no ar, ramo a ramo, até as nuvens. Em volta, a cerca diz o lugar da inocência; do lado de lá, cimento e silêncio. Do bolso, cai a pureza, um poema em que lês, não as palavras, só a brancura da folha.

Barro

A cidade nascendo do barro, argila modelada por mãos de barro, a poeira por herança. E as ruas riscam o chão, a fronte dos prédios se inclina sobre o arco noturno. Na distância, as torres, pontas de estrelas no sono do espaço. No sétimo dia, o vento, o silêncio caiado dos muros.

Grades

Janelas sombrias, onde o tempo se encosta, abertas à nudez da tarde. Olhares cegos, à espera da vida, o mesmo canto do céu, o gesto das nuvens desenhando os longes. Lentos, os rostos se apagam, mas as mãos no espaço entre as grades, as mãos pousadas – pássaros brancos.

Acordes

A cidade, corda que tange a noite, o ar se enche de sons, a canção escoando no vento. As vozes das casas, das ruas ladrilhadas de sono, acordes da melodia. E os corpos e dançam e giram em torno à solidão. Nos telhados, marcando o ritmo, os dedos da chuva.

Leveza

Quase noite, o fechar vagaroso das lojas e as coisas na solidão das vitrines, entre o silêncio e o ar. Livres, sem o destino que o olhar empresta, regressam à brisa, à transparência da forma. Nelas, só a leveza e o sono dos mundos sem alma, a luz prestes a quebrar.

Florescer

> *É tempo que a pedra se decida a florir.*
> CELAN

    A pedra, coisa que não é, mas deve ser para que tu sejas e as amoras nasçam no teu nome. Tudo nela espera e sono, solo ansiando pelo jorro, pela língua macia da chuva. Empresta tua alma à pedra, como se empresta um deus à noite, e ela floresce feito a dor à beira-mar, o mar à beira-dor.

Repetição

Ao longo do vento, as mesmas casas, as mesmas ruas tingidas de sombras, com a lua riscando os vidros. A cada passo, o mesmo cansaço nos rostos, os mesmos carros rumo à distância.

A cidade repete-se, beleza e dor exaltadas, como a chuva repetindo-se para que a noite transborde.

Muros

Nas trincas dos muros, o nome do tempo, a brancura perdida. Nos cantos, sob cal e areia, aflora a nudez da pedra. E cingem a vida, vedando os sonhos, os altos muros sombrios. Livre, apenas o céu que sustentam nos ombros; os cacos de vidro incrustados, estrelas quebradas na noite.

Procissão

Corpos em que o vento se demora, seguindo com pressa por ruas sem nome, o outono na pele, a chuva. Todos na noite, mas cada um na sua noite, caminham e caminham, as solas gastas das almas.

De silêncio a silêncio, a fronte mais baixa, sob a rosa ferida dos astros.

Névoa

Nenhum contorno, oscilações de branco, os rabiscos da névoa nos muros. Nas casas, um branco desnudo, menos que branco, a pele do vidro. Ao chão, a brancura pisada das ruas. Sob o linho da lua, o tempo embranquece e, livre das horas, repousa, pétala contra pétala, no silêncio branco.

Figura

Ligeiras, as mãos da luz tecendo a cidade, dedos longos e finos, os fios de ar nos teares do dia. E, na rara trama, as cores das ruas e casas se fundem, figura de sonho bordada no tapete pálido da aurora.

E a sombra, tal Penélope, desmancha o tecido, os fiapos de sol nos cantos, o trabalho perdido.

Vôo

Das sirenes a voz aguda ressoa, vogais da canção do outono. No beco, a carne fendida por aço e luar; na noite, o gesto comum, ninguém olha, escrevendo a leveza incomum da morte.

E o corpo se inclina num vôo para dentro, a luz já sem peso dos lábios, os olhos cerrados num sono sem contornos – e a voz é ave.

Baldios

Nos baldios, a queixa da vida esquecida à margem do vento. Ao chão, quietude e abandono, o efêmero dura, roçando o eterno. Lentas, crescem ervas nas frinchas das pedras, a face visível do sono. Só nas crianças ressoa o apelo, e, nos monturos tristonhos, seus castelos, seus tesouros enterrados.

Leituras

A cidade se escreve no livro da noite. E cada qual lê uma estória, seus desejos, seus temores. As janelas, olhares furtivos ou riso aberto no espaço; as ruas, longos regressos ou rios escuros, sem volta. Na cidade, tantas cidades se confundem. Pelas calçadas, folhas caindo, letras castanhas que o outono soletra.

Flor Mineral

A pedra brotando na tarde, beleza dura e exata se abrindo aos olhos. Os cubos das casas, dos prédios, as quinas polidas ao vento, sonho geométrico à beira da noite. Nenhuma doçura; aridez e silêncio. Nas esquinas escuras, a flor mineral, os espinhos molhados de orvalho.

Dissipar

Nos corredores, o sopro do outono. As vidraças não espelham, escondem o rosto; os muros apagam a pele. A cada passo, um pouco menos de ti, cinzas do teu silêncio. Pelas ruas, a tua sombra se dissipa, um só tecido com a penumbra e a chuva.

Ao chão, os restos do dia, os teus também. Na cidade, a proximidade da noite, a proximidade do vento, quando, entre flores azuis, bebes da água dos mortos.

Ecos

Na praça, o soar recuado das horas, as ruas andando para trás. E o tempo aflora nas trincas; às janelas, teus rostos perdidos. E olham-te como a um estranho, nada deles em ti, nada de ti neles, sequer o sonho. Habitam uma cidade; tu, outra, ecos distantes repetindo as sombras.

Chaminés

Alta chaminé na distância, dedo apontando a noite, e a fumaça subindo, as cinzas do sonho, lamentos escritos no ar. De estrela a estrela, o céu fendido feito um lábio, e a fuligem subindo, a queda para cima nos degraus do ar.

No espaço, a lágrima escura faz legível o silêncio.

E começas a ler...

Regresso

Seis horas. Nas ruas, corpos tensos, gestos perfurando a solidão do ar. Olhos de bicho assustado, à espera. Um temor se insinua, pressentimento da noite, sombra que não esconde, revela as esquinas da alma. Nas mãos, o medo, como na frágil concha das telhas, a transparência da chuva.

Mendigos

> *Miserables ungidos*
> *de eternidades santas.*
>
> António Machado

Só a mão se move, gesto gasto como a recolher as gotas da noite. Na palma, a esmola, lua madura junto aos dedos sujos de tempo. Pesados, os olhos se erguem, mas nada retêm, além das distâncias. E a boca murmura silêncios, uma prece levada no ar, abençoando o vento.

Ocaso

Todos os ocasos fundiram-se na minha alma...

PESSOA

    No ocaso, as ruas se aquietam e, sobre as casas, o apagar das cores. O fim do dia, tensão entre a luz e a sombra, notas musicais que se juntam, a segunda se elevando aos poucos. Nas esquinas, nos becos, o silêncio mordido na avidez das bocas, a melodia noturna na brisa entre acordes de ouro e malva.

Sinos

E toda a minha alma está nos sinos,
Só que a música não salva dos abismos.

MANDELSTAM

Tarde afora, o carrilhão soa, sonho no bronze esculpido. Alheio a deuses e homens, o gosto de cantar, como a brisa. Entre as vozes escuras das gentes, sobre a queixa dos carros, eleva-se o som dos sinos, palavras claras, de alegre inocência, que o poente lê pelas ruas.

E o som subindo vento acima, tua alma junto, os pés sobre o abismo.

Outono

Um defronte do outro, com o outono nos olhos. A pupila castanha, o ondulado castanho dos cabelos, a cor da pedra. Um defronte do outro, e as palavras – não pontes, margens que se afastam; e a voz – não som, sono de estrelas maduras. Os lábios castanhos, a poeira castanha escrevendo poemas no ar. Um defronte do outro, de costas.

E se procuram, e procurar é perder.

Entre eles, a distância impossível do outono.

Nomes

Da cidade apagas os nomes, nomes próximos ou perdidos, nomes quaisquer, o orvalho nos telhados, a chuva pisando as calçadas. Nomes que são gestos, um aceno caído das mãos; nomes que são tempo, corpos no corpo escuro da sombra. Apagas todos os nomes, só resta a nudez da luz sobre os muros, verdade intangível da pedra.

Bairro Pobre

Casas escorando-se em casas, o cansaço das portas, as janelas debruçadas sobre o vento. Um resto de sol na poeira, o verniz das ruas. Entre a miséria e o sonho, o hábito da dor já quase não dói. E não vem o poente do céu, sobe dos homens pela tarde, a luz frágil, feita de vidro.

Janelas

A janela, limiar entre os silêncios do quarto e da rua. Nas cortinas, o gesto leve unindo dois mundos num só aceno. E uma figura se inclina, na fronte os falsos astros dos postes. Seu sonho, nem dentro, nem fora, sobre os telhados das nuvens.

Nas fachadas, as janelas de esperas inúteis. Ninguém colheu a lua na poeira dos vidros. E o sono pende das pálpebras, olhos cansados de ver se fechando na noite, azuis.

A Cidade e o Poeta

A cidade se despe da tarde e se oferece, lírio aberto às mãos do poeta. E os dedos tocam o silêncio das casas e a vasta pobreza do vento pelas ruas.

Nenhuma posse, nada retém para si, mas, suave, o toque liberta, como o pássaro liberta o ar no vôo mais denso.

Tempo

O sol resvala em vidraças, o ouro falso da tarde, e já a sombra fixando o silêncio da noite. O tempo da sombra, o que não dura marcam os relógios: gestos tão gastos, acenos tão curtos, rastros da chuva. Em cada coisa fanada, as horas da sombra. Na cidade, a lição da perda, a canção da sombra – tempo dos homens, junto ao tempo sem ponteiros da pedra.

Ruas de Octavio Paz

Na rua estreita, paralela ao sono, sempre um som atrás de ti, não os passos da chuva nas folhas, alguém mais, outra sombra além da noite, mas, se te voltas, só o vazio suspenso no ar.

Paras, o som cessa, como se outro súbito parasse. Corres, o som cresce, como se outro falasse dentro da tua voz. E chuva afora, um respirar já roça tuas costas; os pés, um passo adiante de ti, do teu silêncio.

Sono e Silêncio

A cidade dorme, o corpo talhado em sonho, a alma é a sombra. Casas de olhos cerrados, uma pedra junto à outra, sob a pedra branca da lua. Corpos de olhos cansados, uma pedra junto à outra, com a pedra do silêncio.

Nas esquinas, estrelas falam baixo, pisa leve a madrugada. No rumor da brisa, o respirar da pedra, o sono escrevendo as palavras; o silêncio, as centelhas.

Ausência

*Cómo llenarte, soledad,
sino contigo misma...*

CERNUDA

Os corpos, feito frutos maduros, deslizam na luz vagarosa dos postes, sem nome, sem rosto, apenas pele roçada pelo ardor do olhar. E os dedos abrem, gomo a gomo, a polpa macia da carne. Mas no ar, um cheiro de ausência, quase a chuva, e as mãos mais vazias, a noite subindo aos lábios.

Rio

Não sabes, a cidade, não de pedra, de água, rio fluindo no espaço incerto entre a luz e a sombra, as margens polidas do tempo. Nenhum parar, a correnteza de vozes e rostos, a distância por destino, nunca o mar.

Sem notares, o rio te navega, de um lado a outro, as marés de olvido do teu corpo.

Giros

As sendas da cidade, curvas como a noite, o fim é um princípio; a partida, um regresso. Os caminhos não caminham, giram em torno a si mesmos, folhas no outono, cirandas no corpo da chuva. A cada giro, um outro em tuas vestes, a mesma cidade, outra alma na brisa e nas mãos.

Superfície

A pedra não tem dentro, superfície pura, a pele do silêncio. Tuas mãos, não para escavá-la, para poli-la, feito as mãos da chuva; teus olhos, não para despi-la, para roçá-la, feito o olhar do orvalho.

Toma-a nas mãos, vê como é leve, nenhuma alma pesando ao fundo. Toma-a nos olhos, vê como é pura, nenhuma alma turvando o olhar.

Conselho

Nada perguntes à pedra, nada, nem das canções da sombra ou do silêncio da luz, mas escuta o pulsar das ruas, como quem escuta os grilos, sem porquês, só por enquantos, a duração do que não dura, as sílabas de sono da brisa.

A cidade não diz, aponta a noite nua acontecida no espaço.

Os Velhos

Os velhos, ponteiros do relógio da noite, não marcam o tempo, só os lentos silêncios da chuva. Nos bancos das praças, seres que já não são, sua história agora estória, sua voz, poço onde sonos caem e se perdem para sempre.

E o relógio soa, do outro lado das horas, metálico e grave – quinze minutos para o vento.

Atrito

Sobre as calçadas e o dorso do asfalto, corpos se chocam, se ferem, como a vida fere o que vive. O atrito é a lei da cidade, polindo as quinas da carne, lapidando o silêncio.

E a pedra atrita o ar, um rastro de fogo no ocaso. E saltam faíscas, centelhas, estrelas cadentes que acendem a noite.

Traços da Pedra

Sedimentos de lama e silêncio, polidos na chuva, talhados no tempo.
— eis sua dureza.
Nas trincas, nenhum véu, o sumo da noite escoando, sono e luas.
— eis sua nudez.
Fria ao tato, refratária à luz, a sombra pende dos lábios.
— eis sua solidão.
E rola, sempre mais abaixo, para o incerto, para o outono.

O Livro das Perdas

> *Uma presença no interior do vazio...*
> PAVESE

Relês o livro das perdas, a escrita das horas nas pedras. Nos olhos fechados, a imagem da casa, mais tua porque perdida, o sol se detendo nos cantos, o sorriso fanado. Acima, a curva das telhas de que a noite pendia, os beirais do sonho. Lá dentro, velhos retratos, um menino morto e um poema esquecido numa gota d'água.

Colheita

    Solo pobre, mais pedra que argila, mais noite que pedra no sono do chão. E limpas e plantas e pouca é a colheita, parcas espigas de sol ao vento, o amarelo do grão, a textura da luz entre as mãos, quase nada, a ração diária de silêncio e estrelas.

Laje

    A laje – do túmulo – pesando mais que a terra, mais que a chuva sobre a terra adormecida. O peso da pedra, o peso do vazio, simetria entre duas noites, duas lágrimas. Nenhum repouso antes do vento, nenhum sonho depois do sono, somente o silêncio, o seu eco.
    E chove sobre a laje branca, e os mortos têm sede.
    Ainda.

Números

> *Jamais se contarão os passos da ausência.*
>
> JABÈS

Não se contam as cores do outono, as folhas caídas. Nem as pegadas da chuva nas ruas. Tampouco os ventos soprando entre os dedos e os ramos. Não se contam as pedras dos caminhos sem volta.

Ninguém sabe quantos sonos tem a noite.

Nem quantos silêncios, sobre corpo desnudo da cidade.

De Pedra a Pedra

A cidade, mais que um lugar, partida e regresso de todos os lugares. A cidade, menos que um lugar, o vazio entre as ruas, entre os corpos vazios.

Quem olhou a pedra, traz a pedra no olhar. Quem disse a pedra, traz a pedra na língua. Quem habitou a pedra, faz-se pedra. Seus sonhos, pedra também, sob a pedra polida dos astros.

Sobras

A chama da cidade acesa, as luzes recurvas sobre as ruas, e os faróis, fagulhas rápidas saltando no espaço. Mas não aquece, nem ilumina a noite ao redor, apenas recorta a silhueta das sombras. Na manhã, o repouso da pedra sobre as próprias cinzas, as sobras do sonho.

Céu com Margens

No alto, recortado entre os prédios, o retângulo de papel pintado, onde pássaros escrevem o fim da tarde. Quase não brilha, a fumaça sobre a romã do sol. Pelas bordas, nuvens se desfiando, lentas. De um telhado a outro, o teu infinito, silêncio azul sobre os cansaços da terra.

Réquiem

Feito mãos, a cidade se fecha, comprime os dedos, para conter a morte a vazar pela noite, o sumo sanguíneo da amora madura. A morte não só do que é vivo, do que é morto, o silêncio de pedra das calçadas. A lua à meia haste desfralda o luto, refletido nas vidraças do ar.

Do Sono ao Sonho

O homem, o que ergue desmorona, eterno habitante do efêmero. E a pedra rolou noite abaixo, rastro de sombra no sono. A pedra, bem sabes, a lágrima. Toma-a entre os dedos e vira-a com cuidado, a brisa virando os pingos da chuva, em direção ao sonho.

Epílogo

O resto é silêncio.

SHAKESPEARE

Água e Pedra

Na cidade, sonhas o mar, o azul sem costura das ondas, junto ao riso rasteiro das dunas. No mar, a cidade sonhada, o correr fluvial das ruas, os telhados de zinco e lua. Sempre o corpo num silêncio, a alma no silêncio ao lado, a errância nas nascentes da voz...

Da pedra, tua parte é o pó; da água – a sede. E os silêncios te escrevem na tarde, o poema do vento.

*Que branca mão devagar
quebra os ramos do silêncio?*

EUGÉNIO DE ANDRADE

*Oye, hijo mío, el silencio.
Es un silencio ondulado,
un silencio,
donde resbalan valles y ecos
y que inclina las frentes
hacia el suelo.*

LORCA

Sobre o Autor

Nasceu no Rio de Janeiro em 1967. Graduou-se em engenharia e filosofia, sendo mestre em filosofia e diplomata. Publicou, em 2006, o livro de poesias *Sombras*. Acha-se presentemente lotado no Consulado-Geral do Brasil em Houston, no Texas, onde é Cônsul Adjunto.

Título	Silêncios de Água e Pedra
Autor	Wassily Chuck
Produção editorial	Aline Sato
Capa	Tomás Martins
Editoração eletrônica	Aline Sato
	Amanda E. de Almeida
Formato	14 x 21 cm
Tipologia	Bembo
Papel	Pólen Soft 80 g/m² (miolo)
Número de páginas	137
Impressão do miolo	Gráfica Vida e Consciência